Heinz Zimmermann

Was ist Anthroposophie?

Heinz Zimmermann (1937–2011) studierte in Basel Germanistik, Geschichte und Altphilologie und promovierte mit dem Thema: «Zu einer Typologie des spontanen Gesprächs». Nach einem mehrjährigen Lehrauftrag an der Universität Basel unterrichtete er viele Jahre an der Basler Rudolf Steiner-Schule. Neben seiner Tätigkeit in der anthroposophischen Lehrerbildung hielt er zahlreiche Vorträge und Kurse im In- und Ausland. Zwischen 1988 und 2008 wirkte er im Vorstand der Allgemeinen Anthroposophischen Gesellschaft am Goetheanum», wo er sich u. a. für das Anthroposophie-Studium an der Freien Hochschule für Geisteswissenschaft engagierte. Heinz Zimmermann war dort 1989 bis 2001 auch Leiter der Pädagogischen Sektion und 1992 bis 1999 Leiter der Jugendsektion. Er veröffentlichte zahlreiche Arbeiten zu Sprache und Gespräch, zur Waldorfpädagogik und zur Anthroposophie.

Das vorliegende Büchlein entstand als Rohmanuskript kurz vor seinem Tod. Es wurde von *Robin Schmidt* bearbeitet und um das erste Kapitel, die letzten sechs Abschnitte des 4. Kapitels sowie den Anhang ergänzt.

Heinz Zimmermann

Was ist Anthroposophie?

Verlag am Goetheanum

Der Verlag am Goetheanum im Internet: www.vamg.ch

Einbandgestaltung von Anna S. Fischer und Sven Baumann

© Copyright 2013 by Verlag am Goetheanum, CH – 4143 Dornach
Alle Rechte vorbehalten
Satz: Höpcke, Hamburg
Druck: Druckhaus Nomos, Sinzheim

ISBN 978-3-7235-1436-8

INHALTSVERZEICHNIS

1. Was ist Anthroposophie?

Rudolf Steiner (1861–1925), der Begründer der Anthroposophie, äußerte einmal, dass Anthroposophie ein «Bewusstsein des eigenen Menschentums» sei. Heute, 100 Jahre später, ist das Verständnis gewachsen, dass es sehr entscheidend für den Menschen und die Welt ist, was genau unter dem «Menschen» verstanden wird.

Traditionelle Werte und Orientierungen helfen inzwischen bei der Suche nach einer Antwort auf die Frage nach dem Menschen kaum mehr weiter. Die Geschichte des 20. Jahrhunderts hat erfahrbar gemacht, dass der Mensch ohne neue Werte zur existenziellen Bedrohung werden kann: mit der Möglichkeit der Kernspaltung ist die Existenz der Erde gar von der Willkür des Menschen abhängig geworden. Genetik, Massentierhaltung und Umweltgifte betreffen den Kern des Daseins von Pflanze und Tier. Und die Totalitarismen des 20. Jahrhunderts haben die Substanz des Zwischenmenschlichen nachhaltig erschüttert. Auf der anderen Seite entstand eine nie da gewesene Freiheit und Verantwortung des Menschen, die er aus sich selbst ergreifen kann.

Anthroposophie möchte dazu beitragen, dass Menschen der Gegenwart diese Freiheit aus individueller Verantwortung einlösen können. Sie sucht dazu Mittel und Wege, durch die sich das menschliche Denken nachhaltig verwandeln kann. Anthroposophie vermittelt, dass der Mensch ein Wesen ist, das sich selbst entwickeln kann und in dieser Entwicklung eine geistige, schöpferische Kraft in sich zu beleben vermag. Wird dieses Geistige im Menschen geweckt, führt es ihn auch zu einem anderen Verhältnis zur Welt. Auch die Welt zeigt dann ein bisher verborgenes, geistiges Antlitz, das vom Menschen erkannt und verwandelt werden möchte.

Ein solches Verhältnis zu Mensch und Welt einzunehmen, dazu hat insbesondere das Lebenswerk Rudolf Steiners wie auch das Wirken zahlreicher mit der Anthroposophie verbundener Menschen beigetragen. In vielen Schriften und in über 5000 Vorträgen, durch zahllose Beispiele und Anregungen hat Rudolf Steiner Wege zum Geist und Wege zu einer geistig inspirierten Praxis aufgezeigt. Er und seine Mitarbeiter haben eine andere Wissenschaftspraxis begonnen, die eine geistige Dimension der Welt einbezieht. Sie haben neue Kunstformen verwirklicht, die die Seele beleben, und haben sich nicht zuletzt praktisch auf den vielfältigsten Lebensgebieten engagiert, um die Nöte der Gegenwart zu lindern.

Dabei wurde beispielsweise eine neue Pädagogik entwickelt, die heute in der ganzen Welt in Waldorfkindergärten und Waldorfschulen praktiziert wird. Es entstanden soziale Projekte in Entwicklungsländern und Slums. Eine nachhaltige biologisch-dynamische Landwirtschaft und die anthroposophische Medizin, Pharmazie und Pflege, die heute weite Verbreitung auf allen Kontinenten gefunden haben, traten ins Leben. Überall regt die Anthroposophie heute an, den Menschen und die Welt anders zu verstehen und aus diesem Verständnis eine entsprechende Entwicklung zu ermöglichen.

Man kann sich fragen: Was ist nun Anthroposophie? Eine erste Antwort mag sein: Anthroposophie ist ein wachsendes Bewusstsein des Menschlichen. Sie ist zudem auch das Werk Rudolf Steiners, das ein solches Bewusstsein auf wissenschaftlicher Grundlage entwickeln möchte, und sie ist zugleich auch die Lebenspraxis, die durch solche Bemühungen entstanden ist und heute überall in der Welt entsteht. Diese drei Aspekte sollen im Folgenden näher erläutert werden.

Rudolf Steiner

2. RUDOLF STEINER (1861–1925)

Die Entstehung und Entwicklung der Anthroposophie ist eng mit dem Leben und Werk ihres Begründers Rudolf Steiner verbunden. Rudolf Steiner wird am 27. Februar 1861 in Kraljevec (heute Kroatien) geboren, sein Vater war Bahntelegraphist und später Stationsvorsteher an verschiedenen Bahnhöfen südlich von Wien, sodass der Sohn inmitten ländlich-dörflicher Verhältnisse aufwächst und früh mit moderner Technik in Berührung kommt. Schon als Kind hat Rudolf Steiner übersinnliche Erfahrungen, über die er aber damals mit niemandem sprechen konnte.

Den Besuch der Realschule (naturwissenschaftliches Gymnasium) in Wiener Neustadt schließt er mit dem Abitur ab. An der Technischen Hochschule in Wien studiert er daraufhin Mathematik, Physik und Naturgeschichte. In Karl Julius Schröer, einem profunden Goethekenner, der an der Technischen Hochschule Literaturvorlesungen hält, findet Rudolf Steiner einen väterlichen Freund, der ihn fördert und ihm die Herausgabe der naturwissenschaftlichen Schriften Goethes in Kürschners «Deutscher Nationalliteratur» vermittelt. Nach dem Studium betätigt er sich als Hauslehrer in einer Familie mit vier Kindern, von denen eines lernbehindert war.

1890 beginnt Rudolf Steiner eine Mitarbeit am

Goethe- und Schiller-Archiv in Weimar und ediert die naturwissenschaftlichen Schriften Goethes für die «Sophien-Ausgabe». 1891 promoviert er in Rostock mit einer philosophischen Arbeit. 1893 erscheint sein philosophisches Hauptwerk «Die Philosophie der Freiheit». 1897 wird er Redaktor verschiedener Zeitschriften in Berlin und gibt Kurse an der sozialistischen Arbeiter-Bildungsschule.

Zu Beginn des 20. Jahrhunderts wird Rudolf Steiner zu Vorträgen in der Berliner theosophischen Bibliothek eingeladen. Das führt zur Begegnung mit Marie von Sivers (später Marie Steiner) und etwas später zu seiner Wahl zum Generalsekretär der neugegründeten «Deutschen Sektion» der weltweit organisierten Theosophischen Gesellschaft. In dieser Funktion entfaltet er in vielen Vorträgen und seinen Grundschriften (z. B. «Wie erlangt man Erkenntnisse der höheren Welten?» und «Die Geheimwissenschaft im Umriss») die Grundlage der anthroposophischen Geisteswissenschaft. In der 1904 gegründeten Esoterischen Schule vermittelt Rudolf Steiner vielen Schülern einen meditativen Weg.

1912 kommt es zur Trennung von der Theosophischen Gesellschaft und zur Gründung der Anthroposophischen Gesellschaft. In Dornach (Schweiz) wird das erste Goetheanum als Gesamtkunstwerk und als Aufführungsort für die von ihm verfassten «Mysteriendramen» errichtet; dabei entstehen neue Ansätze für die Künste: Malerei, Plastik und Architektur verbinden sich zu einem Bau, in dem Schauspiel, Sprache und Musik sowie die neue Bewegungskunst

Das erste Goetheanum

Eurythmie zu einem Gesamtkunstwerk zusammenklingen sollen.

In den Jahren nach dem Ersten Weltkrieg entfaltet die Anthroposophie im Zuge der verschiedenen Reformbewegungen eine starke Wirkung in der Öffentlichkeit. Rudolf Steiners politisches Engagement für eine «Dreigliederung des sozialen Organismus», die Gründung der ersten Waldorfschule in Stuttgart, von Kliniken in Stuttgart und in Arlesheim (Schweiz) führen zu einer breiten Wahrnehmung anthroposophischer Ideen in der Öffentlichkeit, bis in die Tagespresse herein. Es bildet sich aber auch eine aktive Gegnerschaft von wissenschaftlicher und kirchlicher Seite.

Das durch Brandstiftung zerstörte erste Goetheanum (Silvester 1922/23) und die vorhandenen Konflikte in der Anthroposophischen Gesellschaft stellen für Rudolf Steiner eine Weiterarbeit existenziell in Frage. Bisher hat er als deren freier Berater und Lehrer gewirkt. Im November 1923 entschließt er sich, die Leitung der Anthroposophischen Gesellschaft selbst an die Hand zu nehmen und zu einer Tagung Weihnachten 1923 zur Neugründung nach Dornach einzuladen. Die Sozialgestalt dieser neuen Gesellschaft hat zwei Elemente: die öffentliche Anthroposophische Gesellschaft, die jedermann offen steht, und eine «Freie Hochschule für Geisteswissenschaft» für Mitglieder, die die Anthroposophie und ihre Verwirklichung im Leben und dem inneren Weg realisieren wollen. Steiner ernennt einen Kreis von «Sektionsleitern» für die Forschung in den Fachge-

14

bieten und den einzelnen Lebensfeldern (Medizin, Naturwissenschaft, Bühnenkunst usw.). Die Anthroposophische Gesellschaft wird als eine freie Gesellschaft gegründet, die zum einen die Förderung der «Freien Hochschule für Geisteswissenschaft» innehat und andererseits einen Ort zur Pflege des Menschlichen bilden soll. Außerdem wird der Beschluss zum Neubau des Goetheanum gefasst, zu dem Rudolf Steiner ein Modell anfertigte.

Rudolf Steiners letzte Lebensmonate sind ganz dem Aufbau dieser neuen Gesellschaft und Hochschule für die Anthroposophie gewidmet. Er hält zahlreiche Vorträge für die Mitglieder der Anthroposophischen Gesellschaft und gibt einen Lehrgang von 19 esoterischen Stunden mit meditativen Inhalten für die Mitglieder der Freien Hochschule für Geisteswissenschaft und formuliert die Anthroposophie nochmals neu. Dazu kommen zahlreiche Kurse für Lehrer, Eurythmisten, Schauspieler, Priester, Heilpädagogen und Ärzte. Nach einem mehrmonatigen Krankenlager stirbt Rudolf Steiner am 30. März 1925.

Der Begriff «Anthroposophie»

Die Anthroposophie versteht sich als eine lebendige Wissenschaft vom Geist, die den Menschen, die Lebenspraxis und die Welt verwandeln möchte. Häufig gebraucht Rudolf Steiner daher auch das Wort «Geisteswissenschaft» als Synonym oder auch «anthroposophische Geisteswissenschaft», um den Ausdruck von dem üblichen Gebrauch «Geisteswissenschaften» an den Universitäten abzugrenzen. «Anthroposophie» ist jedoch auch kein streng definierter Begriff. Aus den griechischen Worten «anthropos» (Mensch) und «sophia» (Weisheit) zusammengesetzt heißt «Anthroposophie» wörtlich «Weisheit des Menschen». Das Wort selbst ist keine Schöpfung Rudolf Steiners, sondern ist bis in die frühe Neuzeit zurück nachweisbar. Es wurde im 19. Jahrhundert von Schelling, Troxler oder I. H. Fichte auch schon als Name einer neu zu begründenden Wissenschaft verwendet. Rudolf Steiner bezeichnete mit dem Wort «Anthroposophie» seit 1902 all das, was er als seine Welt- und Menschenerkenntnis vertritt. Einen offiziellen Charakter bekommt der Ausdruck erstmals 1912, als die «Anthroposophische Gesellschaft» begründet wurde. Eigentlich, so sagt Rudolf Steiner einmal, würde er lieber jede Woche einen anderen

Namen für Anthroposophie verwenden, sodass nie der Eindruck eines Lehrsystems oder einer geschlossenen Weltanschauung entstehen könne.

Was versteht Rudolf Steiner selbst unter «Anthroposophie»? Anhand eines Satzes, in dem Rudolf Steiner am Ende seines Lebens noch einmal die Anthroposophie beschreibt, soll versucht werden, dies näher zu erläutern:

«Anthroposophie ist ein Erkenntnisweg, der das Geistige im Menschenwesen zum Geistigen im Weltenall führen möchte.»

Zuerst erfahren wir in diesem Satz, dass sich die Anthroposophie an den erkennenden, d.h. denkenden Menschen wendet. Damit grenzt sie sich von einer bloßen Offenbarungslehre ab. Sie rechnet mit dem vernünftig urteilenden Menschen, der das Gelesene oder Gehörte mit seinem gesunden Denken und Wahrnehmen nachvollziehen kann. Anthroposophie erhebt ja den Anspruch, eine Wissenschaft zu sein. Zur Wissenschaft gehört es, dass ihre Ergebnisse von jedem, der die entsprechenden klar beschreibbaren Voraussetzungen hat, nachvollzogen werden können.

Das macht Rudolf Steiner in einer doppelten Weise geltend: 1. die Ergebnisse der Geisteswissenschaft seien in eine Form gebracht, dass sie vor einem gesunden Urteilsvermögen standhalten. 2. Grundsätzlich kann jeder Mensch seine Erkenntnisfähigkeiten so entwickeln, dass er einen unmittelbaren Zugang zu geistigen Erfahrungen bekommt.

Dabei fordert eine bestimmte Erkenntnis immer auch eine entsprechende geistige Entwicklung.

Das ist auf verschiedenen Stufen der Fall, gilt aber eigentlich für jede Wissenschaft. Ohne elementare Mathematik kann man keine Integral- und Differentialrechnung verstehen. Kein Kind kann elementare Mathematik lernen, wenn es nicht die Fähigkeiten der Konzentration und Aufmerksamkeit erworben hat. Je folgenreicher der Erkenntnisinhalt ist, umso mehr erfordert er außerdem die Fähigkeit, mit seinen Folgen sinnvoll umzugehen, er fordert die Fähigkeit der Verantwortung. Im gleichen Sinne bedingt die Anthroposophie neben den allgemein bekannten Wissenschaftsvoraussetzungen (Überwindung der Subjektivität, Nachvollziehbarkeit, Ehrlichkeit) eine gründliche ethische Selbsterziehung. Deshalb ist Anthroposophie ein «Erkenntnisweg», der Eigenaktivität erfordert, und kein fertiges System. Ein Weg hat einen Ausgangspunkt, Teilziele und das angestrebte Erkenntnisziel. Ein Weg verwandelt denjenigen, der ihn geht; und Erkenntnis selbst – wie wir aus der Wissenschaftsgeschichte wissen – entwickelt sich stufenweise.

Da Erkenntnis so von individueller Entwicklung abhängt, ist das Herzstück der Anthroposophie auch die Beschreibung dieses individuellen Entwicklungsweges. Eines der anthroposophischen Grundwerke trägt daher den Titel «Wie erlangt man Erkenntnisse der höheren Welten?». Zu diesem Weg gehört eine systematische Ausbildung einiger Kernkompetenzen: Unter anderem eine bewusste Steigerung der Wahrnehmungs- und Beobachtungsfähigkeit, eine Sensibilisierung für Farben, Formen, Töne, Laute,

Das zweite Goetheanum

Worte, Gespräche, die regelmäßige Schulung eines klaren, sachgemäßen und konzentrierten Denkens, eines entschlussfähigen, konsequenten Willenslebens und eines beherrschten, der Situation angemessenen Gefühlslebens. Kurz, es geht zunächst um die regelmäßige Entwicklung eines gesunden Seelenlebens, das dann zur Grundlage höherer Erkenntnis wird.

Der Unterschied zu anderen Wissenschaften ist jedoch, dass der anthroposophische Erkenntnisinhalt sich auf eine geistige Welt bezieht, die nicht mit den physischen Sinnen wahrnehmbar ist. Um dies noch klarer verstehen zu können, müssen wir erläutern, was Rudolf Steiner mit «Geist», «geistig», «geistige Welt» meint. Damit kommen wir auch auf den zweiten Teil des obigen Satzes: «... der das Geistige im Menschenwesen zum Geistigen im Weltenall führen möchte.»

Ein Geistiges im Menschen

Was ist das Geistige im Menschenwesen? Was kann der Mensch als geistig in seiner eigenen Existenz erfahren?

In dem Buch «Theosophie», einem anderen seiner Grundwerke, beschreibt Steiner drei Lebensbereiche des Menschen: einen leiblichen, einen seelischen und einen geistigen. Danach ist der Leib der Teil des Menschen, durch den er sich in der Sinneswelt bewegen und sie wahrnehmen kann. Die Seele ist seine eigene Innenwelt, durch die er auf die Welt mit ihren Eindrücken mit Sympathie und Antipathie antwortet und dank seiner Erinnerungsfähigkeit ein eigenes Innenleben führt. Der Geist des Menschen erscheint zunächst in seiner Denkfähigkeit, einer Fähigkeit, die ihn über das subjektive Erleben hinaus zu Erkenntnissen führen kann und die ihm damit auch die Voraussetzung vermittelt, aufgrund dieser Erkenntnisse Entschlüsse zu fassen.

Zwischen den Reiz von Außen und der damit angeregten Reaktion von Innen stellt sich der ganze Bereich des Gedankens- und Vorstellungslebens. Dieses ist der Bereich, in dem Selbstbestimmung möglich ist. Die Beherrschung des emotionalen Lebens, jede Selbsterziehung benötigt diesen freien Bereich. Will ich etwas lernen, das ich noch nicht kann, so muss erst das Lernziel ins Bewusstsein kommen. Dann hängt es davon ab, ob dieses Ziel mich so stark motivieren kann, dass ich die nötige Willensdisziplin aufbringe, es tatsächlich durchzuführen. Die Lern- und damit die Zukunftsfähigkeit des Menschen gründet so auf dem Denk- und Vorstellungsvermögen, damit ich Zukunftsbilder entwerfen kann, den entsprechenden Willenseinsatz mobilisiere und damit in die Wirklichkeit umsetze.

Bei dem geschilderten Vorgang wirkt ein Tätigkeitsquell im Hintergrund mit, der die Erkenntnis herbeiführt, der das Ziel erfasst und der schließlich die notwendige Willensanstrengung aufbringt, diese Zielvorstellung tatsächlich zu verwirklichen. Diese schöpferische Kraft, dieser Tätigkeitsquell, der zur Erkenntnis, zur emotionalen Hingabe an die Zielvorstellung und schließlich zur Umsetzung führt, kann als «Ich» oder auch als «Geistiges im Menschenwesen» bezeichnet werden.

Dieses «Ich» ist sowohl dem emotionalen als auch dem leiblichen Bereich gegenüber souverän, indem es beide beeinflussen und ihnen Richtung geben kann. An diese Tätigkeitsquelle im Menschen richtet sich die ganze Anthroposophie. Diese individuelle Instanz der Selbstbestimmung, diese innere schöpferische Tätigkeit und damit letztlich das, was dem Menschen seine Würde verleiht: es ist das Zentrum des Menschen und damit auch der Kern der Anthroposophie.

Anthroposophie als Geisteswissenschaft kann somit eigentlich nur anerkennen, wer bereit ist, ein Geistiges anzuerkennen. Und zwar ein Geistiges, das genauso Inhalt einer Erkenntnis werden kann wie ein Sinnesobjekt. Der beschriebene Tätigkeitsquell ist eine Form des menschlichen Geistes, der unmittelbar als Selbsterkenntnis erfahrbar ist. So wie diese erste geistige Einsicht, ist jede geistige Erkenntnis zunächst Selbsterkenntnis. Wie im Menschenwesen selber ein Geistiges unmittelbar wirkt und sich selbst bewusst wird, besteht auch eine Beziehung zu einem Geistigen in der Welt. Im Denken, dessen sich das Ich bedient, findet der Mensch das Mittel, sich mit dem außer ihm wirksamen Geistigen zu verbinden. Im Erfassen eines Begriffes oder eines Begriffszusammenhanges verbindet sich das Geistige im Menschenwesen (das vom Ich geführte Denken) mit dem «Geistigen im Weltenall» (die außerhalb des Ich begrifflich erkennbare Geist-Welt). Die Welt zeigt sich durch solche Vertiefung des Erkennens dann als eine Geistwelt, die ihrerseits aus Tätigkeitsquellen besteht: aus Ich-Wesen, deren schöpferische Tätigkeit allen Welterscheinungen zugrunde liegt. In der Anthroposophie bedeutet daher geistige Erkenntnis im tieferen Sinne: Erkenntnis von geistigen Wesenheiten durch den menschlichen Geist.

Der Anfang des anthroposophischen
Erkenntnisweges

In seinem Buch «Die Geheimwissenschaft im Umriss» beschreibt Rudolf Steiner ausführlich den Weg zu solcher höherer Erkenntnis. Als erste Stufe auf dem Weg nennt er das «Studium der Geisteswissenschaft». Was bedeutet das? So, wie sich der Bergwanderer, bevor er losgeht, über die Einzelheiten seiner Route kundig macht, so muss der sich um höhere Erkenntnisse Bemühende sich über die Tatsachen dieser höheren Welt vorher orientieren. Er muss sie studierend zur Kenntnis nehmen und sich darin zunächst rein begrifflich orientieren lernen.

Ist dann die Anthroposophie nicht doch bloße Offenbarung, die man gläubig hinnimmt oder eben ablehnt? Das wäre dann der Fall, wenn sie als reine Verkündigung auftreten würde. Nun ist es aber das erklärte und immer wieder neu betonte Anliegen Rudolf Steiners, seine Forschungsergebnisse in eine Form zu übersetzen, die dem gesunden Denken zugänglich ist und von diesem beurteilt werden kann.

Morgens:

Ruhe

In den reinen Strahlen des Lichts
Erglänzt die Gottheit der Welt
In der reinen Liebe zu allem Wesen
Erspraßt die Göttlichkeit meiner Seele
Ich ruhe in der Gottheit der Welt
Ich werde mich selbst finden
In der Gottheit der Welt.

Conc. l.B. l.F.: Standhaft stell ich mich ins Dasein
,, r.B. r.F.: Sicher schreit ich die Lebensbahn
,, l.A. l.H: Liebe heg ich im Wesenskern
,, r.A. r.H: Hoffnung heg ich in jeglich Thun
,, Kopf : Vertrauen präg ich in alles Denken
Diese Fünf führen mich zum Ziel
Diese Fünf geben mir das Dasein

Devotionelle Hingabe an das göttliche Ideal.

Abends: Rückschau auf die Tageserlebnisse. Bild/am.
Von rückwärts nach vorn.

Meditationsspruch in der Handschrift Rudolf Steiners

Einen gesetzten Tatbestand denkend verstehen ist die erste Stufe einer geistigen Erkenntnis und sie bildet nach Steiner die notwendige Voraussetzung zum geistigen Schauen. Das Denken selber ist ja eine rein geistige Tätigkeit, die sich je nach dem Objekt auf Irdisches oder Geistiges beziehen kann. Daher ist es eine Tätigkeit, die zwischen beiden Welten vermitteln kann. Volles Verstehen, Erkenntnis jedoch entsteht erst, wenn ein Wahrnehmungsinhalt in einen begrifflichen Zusammenhang gestellt wird. Das gilt sowohl in Bezug auf sinnliche wie auf geistige Wahrnehmungsinhalte.

Soll sich das Denken auf geistige Wahrnehmungsinhalte beziehen können, so muss es so erweitert werden, dass es die Qualität der übersinnlichen Welt erfassen kann. Was heißt das? Im irdischen Dasein leben wir in Raumesvorstellungen, wir betrachten die festen Dinge eines neben dem andern und die Zeit als einen Vorgang des Nacheinander. Damit erfassen wir die gewordene Welt um uns herum. Die Denkform, die dem entspricht, wenden wir beim Bedienen eines Computers an: es gibt eine feste, unendlich verzweigte Ordnung von übergeordneten, nebengeordneten und untergeordneten Begriffen, die mich den gesuchten Begriff durch entsprechendes Klicken auffinden lässt. Dieser ist klar in diesem Begriffssystem definiert und unterscheidet sich zwingend von allen nebengeordneten Begriffen. Es herrscht das Prinzip des eindeutigen Entweder-oder. Dies entspricht einer Welt, die sich nicht verändert, es ist die Welt des Berechenbaren. Sobald wir aber organische Prozesse oder gar seelische und geistige Vorgänge erfassen wollen, reicht diese definitorische Denkform nicht mehr aus. Sie muss zu einem Denken erweitert werden, das fähig ist, das Einzelne in den entsprechenden Zusammenhang zu stellen. Voraussetzung hierfür ist die Fähigkeit, Begriffe nicht absolut, sondern der jeweiligen Situation entsprechend zu nehmen, sie gegebenenfalls zu erweitern, neu zu bilden und in andere übergehen zu lassen. Das alles aber soll nicht etwa willkürlich geschehen, sondern gemäß den wahrgenommenen Tatbeständen.

An die Stelle des ausschließenden «Entweder-oder» tritt hier das «Sowohl-als-auch» und ein lebensvolles «das Eine aus dem Andern»: eine Denkorganik. Diese Denkorganik schult ein Leser, wenn er sich auf Rudolf Steiners Stil in seinen Schriften einlässt. Es ist kein definierender, systematisierender Stil, sondern ein charakterisierender, situationsbezogener. Die Themen werden so behandelt, dass sich aus der Folge der Schilderung allmählich ein Begriff konturiert. Immer wieder taucht das gleiche Phänomen in einem neuen Zusammenhang auf. Damit wächst der Begriff und verändert sich, er erweitert sich so, dass er allmählich das geistige Phänomen in sich fassen kann. Indem der Leser diese Denkbewegung aktiv nachvollzieht, bildet er selber die Fähigkeit eines lebendigen Denkens aus, das der Logik nicht widerspricht, sondern sie ergänzt. Wenn wir «das Geistige im Menschenwesen» als die schöpferische Fähigkeit der Selbsterziehung und Selbstentwicklung kennengelernt haben, so lernen wir zugleich die produktiven, schaffenden, verändernden anthroposophischen Begriffe durch das Studium der Anthroposophie kennen.

In diesem Sinn also ist das Studium anthroposophischer Grundwerke als die erste Stufe des geistigen Erkenntnisweges anzusehen. In gleichem Maße ist aber Rudolf Steiners Stil eine Absage an Leser, die in seinem Werk Definitionen, ein festes Begriffssystem oder isoliert verwendbare Inhalte suchen. Die Formen, in denen Steiners Aussagen erscheinen, gehören wesentlich zur Aussage und dürfen nur mit großer Vorsicht aus dem Zusammenhang herausgenommen werden. Denn es ist eigentlich die Tätigkeit des Denkens beim Lesen, auf die es ankommt, und nicht das Erfassen eines Lehrgebäudes: Die Anthroposophie tritt überall als Erkenntnisweg, nicht als Inhaltsvermittlung auf.

Diese Erkenntnismethode möge der Leser berücksichtigen, wenn nun im Folgenden doch einige inhaltliche Ergebnisse der Anthroposophie dargestellt werden. Sie können die Lektüre der Werke Steiners nicht ersetzen, sondern möchten zu deren Studium anregen.

Anthroposophisches Menschenverständnis

In dem Versuch, das Wesen des Menschen zu beschreiben, finden wir wohl das beste Beispiel dafür, dass es Steiner nicht um ein festes Schema geht, sondern um die Schilderung lebendiger Prozesse. Denn in jedem seiner Werke findet sich eine andere Perspektive auf den Menschen.

So wird beispielsweise in dem einen seiner Grundwerke, der «Theosophie», alles auf einer Dreiheit aufgebaut: Als wahrnehmungsfähigem Sinnesmensch steht dem Menschen ein «Leib» zur Verfügung. Sein inneres Eigenleben mit seinen Gefühlen und Emotionen wird mit dem Wort «Seele» bezeichnet. Darüber hinaus hat er aber dank seiner Fähigkeit zu denken etwas, das «Geist» genannt werden kann. Während die Seele die Welt auf sich bezieht, sucht der Geist in der Erkenntnis das, was jenseits des bloß Subjektiven Gültigkeit hat, er sucht die geistige Gesetzmäßigkeit, das aus sich selbst bestehende Wesen. Dieser menschlichen Dreigliederung entsprechend gibt es eine Sinneswelt, eine Seelenwelt und eine Geistwelt, die ihre eigenen Gesetze haben und mit denen der Mensch in verschiedener Art verbunden ist. In diesen drei Bereichen wirkt nun das individuelle Ich, das seiner Natur nach geistig ist, sich jedoch mit seinem leiblichen und seelischen Wesen auf Erden mehr oder weniger identifiziert. So kann der Mensch von den Eindrücken der Sinneswelt und von den dadurch hervorgerufenen seelischen Empfindungen abhängig werden. Oder aber er kann aus eigener Kraft in diese Bereiche eingreifen. Im zweiten Fall setzt er sich mit seinem Ich als eine frei gestaltende geistige Instanz gegenüber seinem leiblichen und seelischen Leben durch und verwandelt diese nach seinen eigenen Zielen. Das «Ich» als eine solche geistige Instanz, durch die ich mich selbst wandeln kann, macht die Würde des Menschen aus.

Dieser Dreigliederung des Menschenwesens in Leib, Seele und Geist in dem Buch «Theosophie» steht in Steiners Schrift «Die Geheimwissenschaft im Umriss» eine Viergliederung gegenüber: Der «physische Leib» als Raumesgebilde mit einem bestimmten Gesicht und einer bestimmten Größe enthält eine Summe von Stoffen, die wir auch in der Welt finden. Er wird dauernd an seinem Zerfall durch ein Prinzip gehindert, das Steiner den Lebensleib oder Ätherleib nennt. Dieser sorgt für das Wachstum, für die Erhaltung der Form, für die Fortpflanzung. Wenn er sich vom physischen Leib löst, tritt der Tod ein. Besäße der Mensch nur einen physischen Leib, der durch den Ätherleib belebt wird, so wäre er wie eine Pflanze, ohne Wachbewusstsein, ohne Selbstbewusstsein. Beide Eigenschaften werden durch den Astralleib und das Ich ermöglicht. Der Astralleib ist die leibliche Grundlage dafür, dass der Mensch aufgrund eines äußeren Sinnesreizes ein inneres Erlebnis erfahren kann. Er vermittelt die Außen- mit der Innenwelt, wie wir es auch beim Tier sehen können. Die vierte Instanz nennt Rudolf Steiner das «Ich», das dem Menschen sein Selbstbewusstsein vermittelt. Es hat dadurch die Fähigkeit, sich sowohl mit dem Geistigen wie auch mit dem Leiblichen zu verbinden. Das Ich wird vom Leib begrenzt. Der Leib bringt es in eine Abhängigkeit von ihm; das Geistige dagegen erweitert das Ich und macht es fähig, seine Leiblichkeit immer mehr zum Ausdruck dieses Geistigen zu machen.

Sinnlich wahrnehmbar ist nur der physische Leib. Die andern drei Glieder sind übersinnlicher Natur, wirken aber ins Physische hinein und können daher aus dessen Wirkungen (Mimik, Bewegungsfähigkeit, Älterwerden usw. – krank und gesund) gedanklich erschlossen werden. So zeigen sich vier Prinzipien des Menschen durch charakteristische Merkmale: Tod, Leben, Innerlichkeit und Selbstbewusstsein. Das Ich als geistiger Tätigkeitsquell verwandelt die drei gegebenen Glieder allmählich so, dass sie den Menschen immer mehr als Geistwesen zeigen. Die Leibwerdung des göttlichen Funkens führt zum Selbstbewusstsein. Aus ihm entfaltet sich in Freiheit die Verwandlung, die Geistwerdung des Leibes. Dafür ist das Ich als Tätigkeitszentrum die zentrale Instanz.

Während die Dreigliederung in dem Buch «Theosophie» einen mehr statischen Charakter hat, ist die Viergliederung von «Geheimwissenschaft» Ausdruck eines dynamischen Entwicklungsgedankens. Beide Bücher handeln von demselben «Wesen des Menschen» und kommen durch unterschiedliche Perspektiven zu verschiedenen Ergebnissen, die in ihrem jeweiligen Gedankenzusammenhang verstanden werden müssen. Sonst sind sie nur ein Schema und verlieren ihren Sinn.

Wiederverkörperung des Geistes und Schicksal

Ausgehend von diesem zweifachen Zugang zum Wesen des Menschen erweitert Steiner nun die Betrachtung über die Grenzen von Geburt und Tod hinaus. Den Leib bekommt der Mensch durch seine Eltern. Für ihn gilt das Gesetz der Vererbung. Wie steht es aber mit Seele und Geist – woher kommen sie?

Es gehört zum Spezifischen des Geistes, dass er außerhalb von Raum und Zeit wirkt. Im menschlichen Individuum kommt er als etwas zum Ausdruck, das unverwechselbar, einmalig ist. Gegenüber dem vergänglichen Leib erscheint er als eine unvergängliche Kontinuität. Die Seele vermittelt zwischen beiden: sie verinnerlicht die Wahrnehmungen, die ihr der Leib schenkt, und stellt sie so dem Geist zur Verfügung.

Der menschliche Geist entwickelt sich dadurch weiter, dass er neue Erkenntnisse gewinnt oder aber in einem Lernprozess neue Fähigkeiten erlangt. Menschliche Individuen unterscheiden sich im Geistigen durch ihre spezifischen Fähigkeiten und ihren Erkenntnishorizont voneinander. Leib und Seele sind die notwendigen Instrumente des Geistes zum Ausleben dieser Fähigkeiten und Erkenntnisse. Durch sie kann sich das geistige Individuum auf Erden entfalten. Im Lebenslauf eines Menschen bildet sich diese Entfaltung ab.

Die Biographie hängt daher maßgeblich von zweierlei ab: vom Schicksalsumkreis (soziales Umfeld, physische Umgebung usw.) einerseits und andererseits davon, wie sich der Menschengeist zu diesem Umkreis stellt. Das wiederum gestaltet sich nun maßgeblich auf der Grundlage dessen, was ein geistiges Individuum als Anlagen, Begabungen, Fähigkeiten mitbringt. Man kann beobachten: viele geistige Fähigkeiten und Begabungen sind schon bei der Geburt eines Menschen vorhanden. Sie müssen jedoch vom Ich selbst erworben worden sein und können so als ein Resultat einer früheren Fähigkeitsbildung in einem früheren Erdenleben verstanden werden. Der menschliche Geist betritt so ein Erdenleben mit Ergebnissen und Fähigkeiten eines früheren Lebens. Und das Leben gestaltet sich gemäß diesen Begabungen und Fähigkeiten. Auf diese Weise steht der Menschengeist unter dem Gesetz der Wiederverkörperung.

Auf der anderen Seite erhält die Seele ihre Konfiguration gemäß den Taten dieses früheren Lebens. Was damals von ihr ausgegangen ist, kommt jetzt als ihr Schicksalsumfeld wiederum zurück. Sie wird durch ihr soziales Umfeld, durch Erziehung usw. geprägt und bekommt so ihre spezifische Formung. Das heißt, sie unterliegt dem Gesetz des Schicksals.

Der Leib folgt dem Gesetz der Vererbung durch die Vorfahren. Die Seele lebt ein selbstgeschaffenes Schicksal aus. Und der menschliche Geist steht unter dem Gesetz seiner eigenen Wiederverkörperung. Vererbung, Schicksal und Wiederverkörperung sind die Gesetzmäßigkeiten von Leib, Seele und Geist, wenn man sie über die Grenzen von Geburt und Tod hinweg verfolgt.

Reinkarnation bezieht sich bei Rudolf Steiner also auf das individuell Geistige des Menschen und meint nicht eine Seelenwanderung. Seine Idee der Wiederverkörperung knüpft er an die abendländische Tradition an, die mit Plato im griechischen Altertum beginnt und in Lessing, dem Dichter und Philosophen der Aufklärungszeit, den bekanntesten Vertreter hat. Rudolf Steiner hat den Gedanken der Wiederverkörperung und des Schicksals – er gehört zum Zentralsten der Anthroposophie – vielfach dargestellt. Die erste grundlegendste Darstellung findet sich im Buch «Theosophie».

Geistige Wesen

Dass der Mensch nicht das einzige geistige Wesen in der Welt ist, kann ein einfacher Gedankengang zeigen. Es ist der Gedanke, dass eine Höherentwicklung nur möglich ist, wenn dieses Höhere in irgendeiner Form als Vorbild und Ursprung schon existiert. Das kann zu dem Bild der göttlichen Hierarchien führen. Frühere Weltbilder sprachen von Naturgeistern, die in den elementaren Vorgängen wirken, sie erzählten von Göttern, die den Menschen geschaffen haben, vom «Schutzengel», der den Menschen zu seinem Schicksal führt, und so weiter. Die erste zusammenhängende Darstellung einer Stufenfolge geistiger Wesen, einer heiligen Ordnung von Engeln oder geistigen Hierarchien findet sich in der Antike bei Dionysius Areopagita, der drei mal drei hierarchische Stufen von Wesen (Engel, Erzengel, Urkräfte usw.) beschreibt, die Ausdruck der göttlichen Trinität von Vater, Sohn und Heiligem Geist sind.

Im gleichen Sinne beschreibt Steiner nun in seinem Buch «Die Geheimwissenschaft im Umriss» ausführlich neun Ordnungen geistiger Wesenheiten im Zusammenhang mit der Menschheitsentwicklung. Diese verläuft so, dass dem Menschen in Urzeiten durch hohe Wesen die leibliche Grundlage geschaffen wurde und gleichzeitig in ihm der Keim für sein schöpferisches Ich veranlagt wird. So besteht die Entwicklung des Menschen nach Steiner darin, dass der Mensch im Laufe der Evolution allmählich von einem bloßen Geschöpf immer mehr zum Schöpfer wird. Heute lebt der Mensch in einer Zeit, in der er beginnt, selbständig und eigenverantwortlich zu handeln. Es steht in seiner freien Entscheidung, entweder das zu tun, was der Leib mit seinen Trieben und Bedürfnissen fordert, oder unabhängig von diesen das zu tun, was die Einsicht sagt. Ob ein Geistiges sich im Menschen realisiert, hängt davon ab, wie stark der Mensch sich seinen geistigen Zielen verbunden weiß und dass er schöpferisch-frei zu handeln vermag. Das macht schließlich seine Menschenwürde aus. Vom individuellen menschlichen Denken und Tun hängt nach Steiners Darstellung die zukünftige Entwicklung des Menschen und der Erde ab, während in der Vergangenheit die Menschen weitgehend unter der Führung und Lenkung verschiedener geistiger Autoritäten standen. So kommt dem Menschen als schöpferisches Wesen als ein ideales Entwicklungsziel eine Existenz als 10. Hierarchie zu, die er durch Selbsterziehung bildet. Sie sei, so Rudolf Steiner, eine Hierarchie der Freiheit.

«Christentum», «christlich», «Christus» – die Worte lösen bei verschiedenen Menschen ganz unterschiedliche Vorstellungen aus, die leicht zu Missverständnissen führen. Die Geschichte des Christentums ist ja doch auch eine Geschichte der Streitigkeiten und Spaltungen u. a. wegen des «rechten» Glaubens.

Rudolf Steiner ging in seiner Forschung nicht so vor, dass er aufgrund von Quellenstudium zu einem Christusbild kam. Er legt dar, wie er durch eigene Geistesforschung zu Anschauungen über das Wesen des Christus gekommen ist, die er dann anschließend mit den bestehenden traditionellen Quellen (Evangelien, Paulusbriefe, Apokalypse) verglich. Zahlreiche Vorträge und schriftliche Äußerungen beleuchten christologische Grundfragen, die Evangelien und zentrale religiöse Fragen vom Standpunkt anthroposophischer Forschungsergebnisse. Welches sind nun die wichtigsten Elemente dieses geisteswissenschaftlichen Christusbildes?

In seiner ersten schriftlichen Darstellung zu diesem Thema, in dem Werk «Das Christentum als mystische Tatsache», legt Steiner den Zusammenhang der Evangelien mit dem antiken Mysterienwesen offen. Am deutlichsten zeigt dies das Johannesevangelium, bei dem es sich nach Steiner um eine Einweihungsschrift handelt. Das Johannesevangelium beschreibt nach Steiner die Einweihung des Schreibers durch Christus selber vor aller Öffentlichkeit. Es ist dies die Erweckung des Lazarus, der nach Steiners Forschungen dieselbe Person wie der Evangelist ist und zu dem Jünger wird, «den der Herr lieb hat». Christus selber zieht bei der Jordantaufe in den 30-jährigen Jesusleib ein und wirkt drei Jahre bis zu seiner Kreuzigung mit seinen 12 Jüngern in Palästina. Steiner unterscheidet also Jesus, den Menschen, und Christus, den hohen Sonnengott. Tod und Auferstehung bezeichnet er als das «Mysterium von Golgatha», als eine mystische Tatsache (nicht bloß eine historische). Später (z. B. im Buch «Die Geheimwissenschaft im Umriss») nennt er das Mysterium von Golgatha das zentrale Ereignis für die ganze Erdenentwicklung. Bis in die leiblichen Grundlagen und die irdische Materie geschah dadurch eine Veränderung. Das Wesentliche ist also nach Steiner keine Lehre oder Weltanschauung, sondern die Tatsache, dass sich ein göttliches Wesen für drei Jahre in einen Menschenleib verkörpert hat, den Kreuzestod durch äußersten Machtverzicht gestorben und dann auferstanden ist. Und, wie die Apostelgeschichte erzählt, verbindet er sich an Himmelfahrt mit der Erde und vereinigt sich an Pfingsten in Gestalt des Heiligen Geistes mit allen zwölf Jüngern. Von da an ist Christus unmittelbar mit der Erde und den Menschen verbunden. Rudolf Steiner geht es nicht in erster Linie um den historischen Christus, sondern um Christus, der sich mit der Menschheits- und Erdenentwicklung verbunden hat, um die ewig wirksame «mystische» Bedeutung des Mysteriums von Golgatha. Da schließt sich die Frage an: Wo ist Christus heute zu finden?

In Vorträgen und Schriften stellt Rudolf Steiner

dar, dass es zum Wesen des Christentums gehöre, dass die irdische Leibwerdung Christi im Gegensatz zu dem sonst geltenden Gesetz der Wiederverkörperung ein einmaliges Ereignis darstellt. Dagegen sei Christus in der heutigen Zeit in einer übersinnlichen Welt, die an die sinnliche unmittelbar angrenzt, in neuer Gestalt wirksam und werde sich zukünftig immer mehr Menschen als Helfer und Tröster offenbaren. In seinem ersten Mysteriendrama «Die Pforte der Einweihung» lässt Steiner Theodora, eine junge Seherin, eine neue Christuserfahrung der Zukunft verkünden, die den Menschen vom Glauben zum Schauen führt. Während Steiner bis dahin mit seinen Hinweisen zu Christus äußerst zurückhaltend ist – als er das erste Mysteriendrama schrieb, war er immerhin bereits 49 Jahre alt –, gewinnen seine christologischen Ausführungen ab 1910 zunehmend eine Bedeutung.

Das Verhältnis der Anthroposophie zu Christus kommt auch in einer Holzskulptur, die Rudolf Steiner zusammen mit der Bildhauerin Edith Maryon geschaffen hat, zur Darstellung. Diese neun Meter hohe Statue war für den Bühnenraum des Goetheanum vorgesehen und stellt eine Menschengestalt zwischen zwei Wesen dar. Diese zwei Wesen stellen zwei gegensätzliche Einseitigkeiten dar, die im Menschen wirken und von Steiner mit den Namen Lucifer (lat.: Lichtträger) und Ahriman (aus der persischen Zarathustra-Mythologie) belegt wurden.

Lucifer wirkt überall dort, wo auflösende, vergeistigende, erdflüchtige Tendenzen vorherrschen.

Ahriman zeigt sich dagegen verfestigend, materialisierend, erdverbunden. Lucifer verführt den Menschen zum Hochmut, zu Selbstüberschätzung, zur einseitigen Mystik und abgehobener Geistigkeit, Ahriman fesselt den Menschen an geistlosen Materialismus, Zynismus und alleinige Beschränkung auf die Sinneswelt. Lucifer macht den Menschen glauben, dass die irdische Sinneswelt eine Illusion ist, die es zu verlassen gilt. Ahriman dagegen schafft die Illusion, dass die Sinneswelt die einzige Wirklichkeit darstelle.

Zwischen beiden Einseitigkeiten bildet die Mittelgestalt ein aktives Gleichgewicht, das dazu führt, dass Lucifer stürzt und Ahriman sich selbst in der Erdhöhle fesselt. Diese Plastik drückt also die von Rudolf Steiner mehrfach dargestellte Doppelgestalt des Bösen aus. Das Böse erscheint hier als die aus der Mitte herausfallende Einseitigkeit. Um aber diese Mitte, das Gute, zu bilden, ist die jeweilige Einseitigkeit notwendig. Das Böse ist damit nach Steiner für die Entwicklung notwendig. So führt er Goethes Auffassung des Teufels, der «stets das Böse will und stets das Gute schafft» (Faust I, Prolog im Himmel), weiter. Um die harmonische Mitte zu entwickeln, darf sich der Mensch diesen Einseitigkeiten auch nicht entziehen wollen.

Vorbild für diese Bildung einer harmonischen Mitte zwischen Lucifer und Ahriman ist Christus, den Steiner als «Menschheitsrepräsentanten» versteht. Unabhängig von einer religiösen oder konfessionellen Bindung solle jedermann diese Plastik als

*Die Skulpturgruppe «Der Menschheitsrepräsentant»
von Edith Maryon und Rudolf Steiner*

Ausdruck der menschlichen Entwicklung betrachten können. Ob dabei jemand an Christus denke, sei unerheblich.

4. Praxis Anthroposophie

In der Entstehung und Begründung der Anthroposophie durch Rudolf Steiner kann man grob vier Phasen unterscheiden. In einer ersten Phase versucht er in Anknüpfung an das zeitgenössische Kulturleben seine Weltauffassung in Vorträgen und Schriften zu entwickeln. Es ist die Zeit bis zur Jahrhundertwende, in der er sich als Herausgeber und Redakteur einen Namen machte und in vielfältige Beziehungen zu damals führenden Philosophen, Naturwissenschaftlern und Literaten trat. Damals publizierte er auch seine philosophischen Werke. Man kann diese Phase als erkenntnismethodische Begründung dessen bezeichnen, was er später als Anthroposophie bezeichnet.

Die Anthroposophie selbst entfaltet sich dann nach Steiners eigener Darstellung in drei ungefähr gleich langen Phasen. In der folgenden Phase nach der Jahrhundertwende stellt Steiner als Generalsekretär der Theosophischen Gesellschaft die geisteswissenschaftlichen Grundlagen und Methoden in seinen Schriften und vielen Vorträgen dar. Dazu gehören die erwähnten Werke «Theosophie», «Wie erlangt man Erkenntnisse der höheren Welten?» und «Die Geheimwissenschaft im Umriss». Diese Phase dauert bis etwa 1909.

Dann folgt mit den vier Mysteriendramen, der Entwicklung der Eurythmie als einer neu geschaffenen Bewegungskunst und dem Bau des ersten Goetheanum als Gesamtkunstwerk eine Periode des künstlerischen Erscheinens der Anthroposophie. Damit verbunden sind auch viele Vorträge Rudolf Steiners zu seinem Christusverständnis.

Dann setzt mit dem Jahr 1917 eine dritte Periode ein. Sie ist durch die Wirksamkeit der Anthroposophie in der Lebenspraxis gekennzeichnet. Anthroposophie beginnt jetzt – durch vielfache Anfragen von Zeitgenossen an Rudolf Steiner – in vielen Arbeitsgebieten lebenspraktisch wirksam zu werden. So entwickelt Steiner konkrete Vorschläge zu einer Erneuerung des sozialen Lebens, von der Politik bis in die Nationalökonomie hinein, entwirft eine zeitgemäße Pädagogik, macht Vorschläge zu einer Erweiterung der Medizin durch Anthroposophie und gibt neue Gesichtspunkte zur Heilpädagogik und Landwirtschaft.

Man erkennt an dieser Entwicklung, dass nach einer Phase der wissenschaftlichen Grundlegung der Schwerpunkt nach der Jahrhundertwende in der Entwicklung der Geisteswissenschaft, nach 1910 in der Erneuerung der Künste und der Christologie und dann nach 1917 in der Befruchtung der Berufe im Lebenspraktischen liegt. Freilich verschwindet das Frühere jeweils im Späteren nicht, sondern entwickelt sich parallel weiter. Dabei entstehen auch grundlegende Neuansätze für die Wissenschaften. In diesem Gesamtbild zeigt sich, dass die Bereiche, die einander im damaligen und auch heutigen Bewusstsein mehr oder weniger ausschließen: Wissenschaft,

Kunst, religiöses und soziales Leben – sich in der Anthroposophie durchdringen. In Anknüpfung an Goethe sind für Steiner Kunst und Lebenspraxis notwendige Elemente im Erkenntnisprozess und umgekehrt können Kunst und Lebenspraxis ohne Erkenntnis nicht fruchtbar sein. Daher nannte Rudolf Steiner den Bau, der diese Aktivitäten beherbergen sollte, «Goetheanum».

In diesem Sinn unterscheidet sich Anthroposophie von vielen Weltanschauungen. Es gibt keine Trennung von Theorie und Praxis. Indem Anthroposophie als Erkenntnisweg den Erkennenden verändert, wirkt sie sich auch auf sein Tun im Alltag aus. Und indem sich ein geisteswissenschaftliches Erkennen auf bestimmte Lebensbereiche und Berufsfelder richtet, entstehen ethisch-soziale Einsichten, die lebenspraktisch werden können.

In all diesen verschiedenen Arbeitsfeldern steht die Frage im Zentrum: Was bedeutet meine Arbeit in der heutigen Zeit, wenn ich davon ausgehe, dass in jedem Menschen ein geistiger Quell lebt? Der Mensch steht heute, wenn er sich seiner Verantwortung bewusst wird, in einem dreifachen Zusammenhang: als einem Entwicklungswesen ist er sich selbst gegenüber verantwortlich, dann steht er in einem sozialen Umkreis und ist seinen Mitmenschen gegenüber verantwortlich, und zudem steht er im Zusammenhang mit Natur und Kosmos, für die er auch zunehmend verantwortlich ist. Aus dieser Perspektive ergibt sich die Frage: wie gestaltet sich meine Arbeit, wenn ich diese meine Verantwortung wahrnehmen möchte?

Im Folgenden sollen einige wichtige Gebiete, die durch Anthroposophie bisher erweitert und befruchtet wurden, kurz beschrieben werden.

Dreigliederung des sozialen Organismus

Im Zusammenhang mit den Ereignissen des Ersten Weltkrieges entwickelte Rudolf Steiner zuerst in kleinem Kreis und Gesprächen mit einzelnen Politikern, dann 1919 als gesellschaftliche Initiative, das Projekt einer «Dreigliederung des sozialen Organismus». Zentral war dabei die Frage: Welche Gesellschaftsform kann der Tatsache entsprechen, dass der individuelle Mensch der Neuzeit die Selbstbestimmung fordert, wenn gleichzeitig auf wirtschaftlichem Feld eine weltweite Arbeitsteilung herrscht? Wie gehen eine Souveränität des Einzelnen, eine Mitbestimmung im Gesellschaftlichen und eine globalisierte Wirtschaft zusammen?

Dazu unterscheidet Steiner drei Felder des gesellschaftlichen Lebens. Erstens: das Geistesleben – hierzu gehören vornehmlich das Bildungswesen, die Kunst, Lehre und Forschung, Religion usw. –, das also, was die individuellen geistigen Bedürfnisse betrifft. Zweitens: das Rechtsleben, das neben dem öffentlichen Recht auch die Politik einschließt (mit dem Ideal der Gewaltentrennung). Und schließlich drittens: das ökonomische Feld, die Wirtschaft mit den Hauptzweigen der Produktion, der Konsumtion, des Handels und der Dienstleistung.

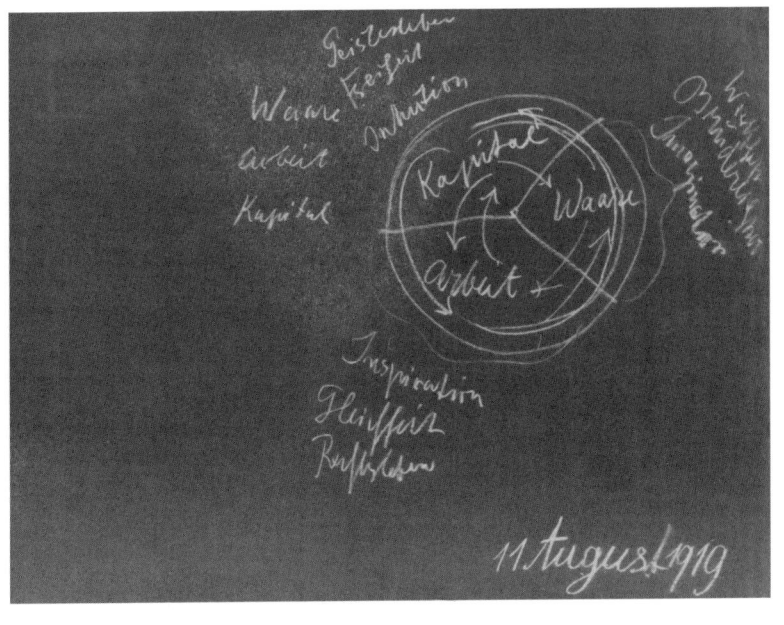

Tafelzeichnung Rudolf Steiners zu einem Vortrag über
«Dreigliederung des sozialen Organismus»

Diese drei Gebiete unterliegen ganz unterschied-lichen Zielsetzungen und Gesetzmäßigkeiten: Das Kulturleben folgt den geistigen Anliegen des Indivi-duums und verlangt Freiheit gemäß den individuellen Bedürfnissen und Fähigkeiten. Das Rechtsleben for-dert Transparenz und Gleichheit der Bürger vor dem Gesetz und eine demokratische Mitbestimmung. Die Wirtschaft in ihrer arbeitsteiligen, globalen Struktur hat zum Ziel, die materiellen Bedürfnisse der Men-schen auf möglichst praktikable Weise zu befriedi-gen, und erfordert Brüderlichkeit.

Jedes dieser drei Gebiete des Sozialen verlangt eine adäquate Organisationsform und benötigt deshalb eine weitgehende Selbständigkeit. Steiner forderte dabei für diese je eigene Repräsentations-formen, die wiederum wie Organe eines ganzen Organismus gegliedert und verbunden werden. Da-her sprach er von der «Dreigliederung des sozialen Organismus». Beispielsweise sei das Einkommen, der Lohn, eigentlich keine Wirtschaftsfrage, son-dern ein Rechtsvorgang. Der Mensch bezieht nicht in erster Linie sein Einkommen, weil er gearbeitet hat, sondern er braucht es für seine Lebensbedürf-nisse, um überhaupt arbeiten zu können. Steiner for-dert daher eine Entflechtung von Arbeit und Lohn. Damit sind ganz grundlegende Faktoren des Geld-wesens berührt, die bis zu einer vollständigen Um-gestaltung des Finanzwesens führen sollten. In der zweiten Hälfte des 20. Jahrhunderts wurden aus sol-chen Ansätzen u. a. anthroposophische Banken ge-gründet.

Eine Gründung, die aus den Dreigliederungs-Aktivitäten von 1919 heraus entstanden ist, gehört zu den fruchtbarsten anthroposophischen Unternehmungen: die Waldorfschule. Heute gibt es über 1000 Waldorfschulen und 2000 Kindergärten in allen Teilen der Welt. Den Anfang dieser Entwicklung bildete im Frühling 1919 eine Anfrage Emil Molts, dem Direktor der Zigarettenfabrik Waldorf-Astoria in Stuttgart: er fragte Rudolf Steiner, ob er eine Schule für die Kinder seiner Arbeiter nach anthroposophischen Gesichtspunkten konzipieren wolle. Schon im September 1919 wurde die erste Waldorfschule eröffnet, die Rudolf Steiner bis 1924 durch Konferenzen, Vorträge usw. intensiv begleitete und in den ersten Jahren auch leitete. Die Schule verstand sich im Sinne der Dreigliederung als ein Beispiel für ein freies Geistesleben, unabhängig von einer Fremdbestimmung durch Staat und Wirtschaft.

Im Zentrum dieser Pädagogik steht der sich zur Freiheit entwickelnde Mensch. Der Lehrer hat so die Aufgabe, den Unterrichtsstoff alters- und situationsgemäß an die Kinder heranzubringen, das heißt zu individualisieren. Dadurch ist er vor allem als ein Künstler gefordert, der die Verschiedenheiten immer neu zu interpretieren sucht. Rudolf Steiner spricht daher im pädagogischen Zusammenhang immer von einer Erziehungskunst – Erziehung als Kunst, aber auch Erziehung durch Kunst. Die Ausübung der verschiedenen Künste ist wichtiges pädagogisches

Mittel, weil die künstlerische Betätigung den ganzen Menschen in Anspruch nimmt, nicht bloß den Intellekt oder bloß die Motorik. Alles richtet sich nach der zentralen Aufgabe: Wie kann ich den in jedem Kind veranlagten individuellen geistigen Tätigkeitsquell altersspezifisch so anregen, dass er ihm später zur Verfügung steht?

Medizin

Nachdem Rudolf Steiner eine Reihe von Kursen für Ärzte durchgeführt hatte, entstand durch die Zusammenarbeit mit der Ärztin Ita Wegman in den frühen 1920er Jahren eine durch Anthroposophie erweiterte Medizin. Die Gründung des Klinisch-Therapeutischen Instituts in Arlesheim (später Ita-Wegman-Klinik), der Forschungslaboratorien in Stuttgart und Arlesheim, aus denen später der Pharmazie- und Kosmetikhersteller Weleda entstand, und weitere Kurse für Ärzte von Rudolf Steiner impulsierten eine weltweite medizinische Bewegung mit zahlreichen therapeutischen Einrichtungen, Kliniken und Arztpraxen. Die Anthroposophische Medizin versteht sich nicht als Gegensatz zur Schulmedizin, sondern als eine Komplementär-Medizin, das heißt, als eine Erweiterung der naturwissenschaftlichen Medizin durch spezielle Methoden und Therapien. Die Anthroposophische Medizin setzt alles ein, was die naturwissenschaftliche Forschung bereithält. Darüber hinaus ermöglichen geisteswissenschaft-

Ita-Wegman-Klinik in Arlesheim (Schweiz)

liche Aspekte, die den Menschen als Leib, Seele und Geist erfassen, zusätzlich andere Therapieformen, Medikamente und Kunsttherapien. Insbesondere bezieht sie den Gedanken des Schicksals in den Heilprozess mit ein und fragt nach den Quellen von Gesundheit und versucht diese zu stärken.

Heilpädagogik

Anthroposophische Heilpädagogik und Sozialtherapie hat zum Ziel, Kindern, Jugendlichen und Erwachsenen mit Behinderungen eine individuelle leibliche, seelische und geistige Entwicklung zu ermöglichen, ihnen zu einem Leben in Würde und Selbstbestimmung zu verhelfen, die Integration in die menschliche Gemeinschaft und Gesellschaft zu fördern und ihren Beitrag für die Gesellschaft sichtbar werden zu lassen. Der Gedanke der Wiederverkörperung des Geistes und des Schicksals begründet die Grundhaltung anthroposophischer Heilpädagogen, die mit ärztlicher und kunsttherapeutischer Unterstützung ihre Arbeit durchführen.

Von einer kleinen Gruppe junger Heilpädagogen gebeten, hielt Rudolf Steiner 1924 einen Kurs, in dem er die Grundlagen solcher Arbeit entwickelte. Viele hundert Einrichtungen auf der ganzen Welt sind auf dieser Basis entstanden. Weithin bekannt geworden sind auch die von Karl König begründeten Camphill-Lebensgemeinschaften.

Biologisch-dynamische Landwirtschaft

Ein biologisch-dynamisch wirtschaftender Landwirt und Gärtner berücksichtigt nicht nur die irdischen, sondern auch die kosmischen Lebenszusammenhänge und Rhythmen. Dies und ein Verzicht auf chemisch-synthetische Düngemittel und Pestizide führt zu einem standortgemäßen Fruchtwechsel, einer wesensgemäßen Tierhaltung und -fütterung. Zentral ist auch die Entwicklung neuer Sozialformen, die über den klassischen Familienbetrieb hinausweisen und sich oft zu kulturellen Zentren entwickelt haben.

Die Grundlagen dafür legte Rudolf Steiner 1924 in Koberwitz (Schlesien) mit einem Kurs für Landwirte. Er regte dort auch eine Verlebendigung der Erde durch Präparate an, die aus Heilpflanzen, Kuhmist, Bergkristall u. a. gewonnen werden. Aus diesen Anregungen hat sich eine weltweite Bewegung entwickelt, die heute unter anderem unter dem Label «Demeter» oder «biologisch-dynamische Landwirtschaft» allgemein bekannt ist und zu den ersten Pionieren der ökologischen Bewegung gehört.

Kunst

Es gibt heute ein reiches von der Anthroposophie impulsiertes Kunst- und Kulturschaffen und eine große anthroposophische Kunstszene. Insbesondere die Eurythmie und die Sprachgestaltung gehen in ihrer Entstehung direkt auf Rudolf und Marie Steiner zurück. Ab 1912 entwickelte Rudolf Steiner die neue Bewegungskunst «Eurythmie». Sie möchte als «sichtbare Sprache» und «sichtbarer Gesang» die hinter der Dichtung oder der Musik liegende lebendige Quelle eines Kunstwerks gestalten. Gebärden für die Laute der Sprache und die Klanggesetze in der Musik sowie Formen für eine Bewegung im Raum werden zu Ausdrucksmöglichkeiten auf der Bühne für das Geistige in Musik und Sprache. Marie Steiner war ausgebildete Schauspielerin und Rezitatorin. Zusammen mit ihr entwickelte Rudolf Steiner auch Anregungen für Schauspiel und Rezitationskunst, aber auch Grundlagen für eine künstlerische Sprachtherapie. Rudolf Steiner wirkte darüber hinaus stilbildend im Bereich Skulptur, Malerei und Architektur. Weltweit sind anthroposophisch inspirierte Bauten zu sehen. Insbesondere im ersten Goetheanum vereinigten sich alle diese Ansätze zu einem Gesamtkunstwerk. Von dort aus entstanden Kunstschulen und Architekturbüros in der ganzen Welt, die bis heute diese Ansätze weiter entwickeln.

Wissenschaften

Anthroposophisch orientierte Wissenschaft basiert auf der naturwissenschaftlichen Methode Goethes. Steiners eigenes wissenschaftliches Wirken setzte bei dessen Methodologie an und erweiterte diese auch in die Kultur- und Sozialwissenschaften. Im Kern sucht anthroposophische Wissenschaft ein phänomenolo-

Eurythmie-Aufführung

gisches Verhältnis zum Erkenntnisgegenstand, sodass sich das Wesen der Sache aussprechen kann. Zentral ist dabei eine Wertschätzung der unmittelbaren Sinneswahrnehmung als Erscheinung des Wesens. Die im Menschen gebildeten Begriffe erscheinen als dessen Innenseite. Der Erkenntnisvorgang, in dem Sinneserscheinung und Begriffe sich vereinigen, erweist sich auch für den Gegenstand des Erkennens bedeutsam: der Mensch ist beteiligt an der Entwicklung der Welt.

Auf diesem Hintergrund leistet heute anthroposophisch orientierte Naturwissenschaft Beiträge zu einem vertieften, dem Lebendigen angemessenen Naturverständnis. In den Sozialwissenschaften hat sich ein vielfältiges Feld von Fachgruppen für Juristen, Ökonomen, Soziologen und Sozialaktivisten gebildet. In den Kulturwissenschaften gibt es eine reiche Publikationslandschaft und Arbeitszusammenhänge für die verschiedenen Fachrichtungen.

Heutige Situation der Anthroposophie

Anthroposophie steht seit ihrer Begründung bis in die Gegenwart immer in der Herausforderung der spirituellen Erneuerung aus den Fragen der Gegenwart. Da sie keine Lehre sein möchte und dennoch zu klaren Aussagen kommt, da sie zwar auf das Ich baut, aber dennoch auch nach sozialen Formen sucht, schwebt sie immer in der Gefahr, dogmatisch oder sektiererisch zu erscheinen. In ihrem Kern strebt sie aber eine forschende Haltung dem Leben und dem Fachgebiet gegenüber an. Sie lebt die Toleranz gegenüber anders denkenden Mitmenschen und das Engagement für ein friedvolles und kosmopolitisches Zusammenleben.

Am Anfang des 21. Jahrhunderts bestehen in der ganzen Welt ca. 10 000 Einrichtungen auf anthroposophischer Grundlage, in allen größeren Städten gibt es Menschen, die sich mit Anthroposophie beschäftigen. So ist, insbesondere in den letzten 30 Jahren, ein loses Netzwerk anthroposophischen Kulturlebens entstanden. Dieses ist nicht durch eine zentrale Leitung geführt, sondern entsteht aus der individuellen Initiative. Anthroposophie steht heute jedem Menschen in der Welt frei zur Verfügung und jeder kann so aus seiner Beschäftigung damit beginnen, sich zu engagieren.

Bildet sich hieraus ein Bedürfnis nach Austausch und Zusammenarbeit, so möchte die Anthroposophische Gesellschaft mit ihren Zweigen in allen größeren Städten der Welt und insbesondere das Goetheanum (Dornach/Schweiz) einen Raum für Vertiefung und Zusammenarbeit geben. Am Goetheanum werden auch die weltweiten Aktivitäten wahrgenommen und durch Publikationen, Tagungen und durch Forschung fachlich weiterentwickelt. Die «Freie Hochschule für Geisteswissenschaft» am Goetheanum ermöglicht eine spirituell-meditative Vertiefung für solche Initiativen im Geist der Gegenwart. Die Anthroposophische Gesellschaft fördert das Goetheanum, die «Freie Hochschule für

Geisteswissenschaft» und einen Zusammenhang
zwischen Menschen, denen die Anthroposophie ein
Herzensanliegen geworden ist.

5. ANHANG

Rudolf Steiner: Was Anthroposophie ist

… was der innere Mensch wissen kann

«Der Name ist also alt; wir wenden ihn für Neues an. Uns soll der Name nicht bedeuten ‹Wissen vom Menschen›. Das ist die ausdrückliche Absicht derjenigen, die den Namen gegeben haben. Unsere Wissenschaft selbst führt uns zu der Überzeugung, dass innerhalb des Sinnesmenschen ein Geistesmensch lebt, ein innerer Mensch, gewissermaßen ein zweiter Mensch. Während nun dasjenige, was der Mensch durch seine Sinne und durch den an die Sinnesbeobachtung sich haltenden Verstand über die Welt wissen kann, ‹Anthropologie› genannt werden kann, so soll dasjenige, was der innere Mensch, der Geistesmensch wissen kann, ‹Anthroposophie› genannt werden. Anthroposophie ist also Wissen des Geistesmenschen; und es erstreckt sich dieses Wissen nicht bloß über den Menschen, sondern es ist ein Wissen von allem, was in der geistigen Welt der Geistesmensch so wahrnehmen kann, wie der Sinnesmensch in der Welt das Sinnliche wahrnimmt. Weil dieser andere Mensch, dieser innere Mensch, der Geistesmensch ist, so kann man dasjenige, was er als Wissen erlangt, auch

‹Geisteswissenschaft› nennen. Und der Name ‹Geisteswissenschaft› ist noch weniger neu als der Name Anthroposophie.» (GA 35, S. 176 f.)

… Bewusstsein seines Menschentums

«Im Grunde genommen soll ja Anthroposophie nicht anderes sein als jene Sophia, das heißt jener Bewusstseinsinhalt, jenes innerlich Erlebte in der menschlichen Seelenverfassung, die den Menschen zum vollen Menschen macht. Nicht ‹Weisheit vom Menschen› ist die richtige Interpretation des Wortes Anthroposophie, sondern ‹Bewusstsein seines Menschentums› […]» (GA 257, S. 76)

… eine Versuchsmethode des allgemein Menschlichen

«Und so handelt es sich darum, dass Anthroposophie in dem Augenblicke, wo sie ins Leben eingreifen will, nur allgemein-menschlich sein will, absehen will von jeder Dogmatik, wiederum das Leben selber ergreifen will, darstellen will. […] ihr Umfassendes, ihr Unvoreingenommenes, ihr Vorurteilsloses, ihr Dogmenfreies: dass sie bloß eine Versuchsmethode des allgemein Menschlichen und der allgemeinen Welterscheinungen sein will. […] Und so könnte man sagen: für die verschiedensten Gebiete wird durch Anthroposophie die durch den Geist vertiefte Sachkunde und Sachpraxis eben angestrebt. Dadurch unterscheidet sich das Anthroposophische von dem anderen, was heute in der Welt da ist. Und so möchte man eigentlich, dass Anthroposophie jede Woche einen anderen Namen haben könnte, damit sich die Leute gar nicht gewöhnen können an all das, was aus einer Namensgebung folgt.» (Ansprache 19. August 1923, GA 259, S. 173 f.)

... ein Erkenntnisweg

«Anthroposophie ist ein Erkenntnisweg, der das Geistige im Menschenwesen zum Geistigen im Weltenall führen möchte. Sie tritt im Menschen als Herzens- und Gefühlsbedürfnis auf. Sie muss ihre Rechtfertigung dadurch finden, dass sie diesem Bedürfnisse Befriedigung gewähren kann. Anerkennen kann Anthroposophie nur derjenige, der in ihr findet, was er aus seinem Gemüte heraus suchen muss. Anthroposophen können daher nur Menschen sein, die gewisse Fragen über das Wesen des Menschen und die Welt so als Lebensnotwendigkeit empfinden, wie man Hunger und Durst empfindet.

Anthroposophie vermittelt Erkenntnisse, die auf geistige Art gewonnen werden. Sie tut dies aber nur deswegen, weil das tägliche Leben und die auf Sinneswahrnehmung und Verstandestätigkeit gegründete Wissenschaft an eine Grenze des Lebensweges führen, an der das seelische Menschendasein ersterben müsste, wenn es diese Grenze nicht überschreiten könnte. Dieses tägliche Leben und diese Wissenschaft führen nicht so zur Grenze, dass an dieser stehen geblieben werden muss, sondern es eröffnet sich an dieser Grenze der Sinnesanschauung durch die menschliche Seele selbst der Ausblick in die geistige Welt.» (GA 26, S. 14)

... eine wissenschaftliche Erforschung
der geistigen Welt

«Unter Anthroposophie verstehe ich eine wissenschaftliche Erforschung der geistigen Welt, welche die Einseitigkeiten einer bloßen Natur-Erkenntnis ebenso wie diejenigen der gewöhnlichen Mystik durchschaut, und die, bevor sie den Versuch macht, in die übersinnliche Welt einzudringen, in der erkennenden Seele erst die im gewöhnlichen Bewusstsein und in der gewöhnlichen Wissenschaft noch nicht tätigen Kräfte entwickelt, welche ein solches Eindringen ermöglichen.» (GA 35, S. 66)

... ein Wesen

«Denn das ist das Wesen der Anthroposophie, dass ihr eigenes Wesen in dem besteht, was des Menschen Wesen ist; und das ist das Wesen ihrer Wirksamkeit, dass der Mensch dasjenige, was er selber ist, in der Anthroposophie empfängt und es vor sich hinstellen muss, weil er Selbsterkenntnis üben muss.» (Vortrag am 3. Februar 1913)

27. 2. 1861   Geburt von Rudolf Josef Lorenz Steiner in Kraljevec, erstes Kind von Franziska und Johann Steiner. Frühe Kindheit in der Natur und an den Bahnhöfen von Kraljevec, Mödling und Pottschach. Geburt der Geschwister Leopoldine (1864) und Gustav (1866).

1869   Grundschule in Neudörfl. Der Hilfslehrer Gangl fördert Rudolf Steiner. Ab 1872 Realschule in Wiener Neustadt. Erteilt Nachhilfeunterricht und Beginn philosophischer Studien.

1879   Abitur und Beginn des Studiums an der Technischen Hochschule in Wien, insbesondere Naturwissenschaften für das Lehramt.

1882   Beginn der Herausgabe von Goethes naturwissenschaftlichen Schriften.

1884   Hauslehrer bei der Familie Specht.

1886   Erste Publikation: *Grundlinien einer Erkenntnistheorie der Goetheschen Weltanschauung.*

1890   Freier Mitarbeiter im Goethe- und Schiller-Archiv in Weimar.

1891   Promotion zum Dr. phil. in Rostock.

1893   Publikation von *Die Philosophie der Frei-*

heit. Intensive Auseinandersetzung mit Friedrich Nietzsche und der Gegenwartsphilosophie. Partnerschaft mit Anna Eunike, 1899 Heirat.

1897   In Berlin Herausgeber des *Magazin für Litteratur*, umfangreiche publizistische Tätigkeit, ab 1899 Lehrer an der Arbeiter-Bildungsschule.

1900   Ab September regelmäßige Vorträge in der Theosophischen Gesellschaft.

1902   Wahl zum Generalsekretär der Deutschen Sektion der Theosophischen Gesellschaft. Aufbau der Theosophischen Gesellschaft in Deutschland mit Marie von Sivers. Herausgabe der Zeitschrift Lucifer-Gnosis. Öffentliche Vortragsreihen zur Theosophie und Anthroposophie in Berlin und im ganzen deutschsprachigen Gebiet. Trennung von Anna Eunike. Diverse Buchveröffentlichungen, u. a.: *Die Welt- und Lebensanschauungen im 19. Jahrhundert* (1900), *Das Christentum als mystische Tatsache* (1902), *Theosophie* (1904), *Wie erlangt man Erkenntnisse der höheren Welten?* (1904) und *Die Geheimwissenschaft im Umriss* (1910).

1910–1913 Aufführung von «Vier Mysteriendramen» Rudolf Steiners in München.

1912   Trennung von der Theosophischen Gesellschaft und Gründung der Anthroposophischen Gesellschaft.

1913   Grundsteinlegung für das Goetheanum

in Dornach und Baubeginn unter Mitwirkung zahlreicher Künstler und Helfer aus fast 20 Ländern; anthroposophische Kolonie auf dem Dornacher Hügel. Entstehung der Eurythmie und der Sprachgestaltung. Zahlreiche Spruchdichtungen, u. a. *Anthroposophischer Seelenkalender* (1912). Architektonische Umsetzungen (Wohnbauten, Innenarchitektur, Möbeldesign, Zweckbauten), Malereien, plastische Werke. Beginn einer Faust-Inszenierung am Goetheanum.

1914   Heirat mit Marie von Sivers.

1919   Kampagne zur *Dreigliederung des Sozialen Organismus*. Starke öffentliche Wirksamkeit, Auftreten einer organisierten Gegnerschaft. Neuentwürfe für diverse Wissenschaftsgebiete, Gründung u. a. der ersten Waldorfschule, der ersten anthroposophischen Klinik, des Weleda-Heilmittelherstellers. Auf Anfrage von Theologen Kurse, die zur Gründung der eigenständigen «Christengemeinschaft» führen.

1922   Brand des Goetheanum in der Silvesternacht.

1923   Neugründung der *Allgemeinen Anthroposophischen Gesellschaft* und der *Freien Hochschule für Geisteswissenschaft*. Neuformulierung der Anthroposophie.

1924   Vertiefende Vorträge zu allen Lebensgebieten der Anthroposophie und Vorträge zur Begründung der biologisch-dynamischen

Landwirtschaft und der anthroposophischen Heilpädagogik. Ab September 1924 Krankenlager. Entwurf zum Außenmodell des zweiten Goetheanum und Baubeginn, autobiographische Aufsätze *Mein Lebensgang* und mit Ita Wegman *Grundlegendes für eine Erweiterung der Heilkunst.*

30.3.1925 Tod Rudolf Steiners.

Einführende Werke Rudolf Steiners

Die Philosophie der Freiheit

In diesem philosophischen Hauptwerk Rudolf Steiners werden grundlegende Fragen menschlicher Erkenntnis und die «Beobachtung des Denkens» als eine geistige Erfahrung systematisch erschlossen. Zudem wird eine Ethik der Freiheit entwickelt, die den Menschen als ein sich zur Freiheit hin entwickelndes Wesen erscheinen lassen.

Theosophie. Einführung in übersinnliche Welterkenntnis und Menschenbestimmung

Diese Schrift Rudolf Steiners ist als Einführung in die Anthroposophie geschrieben worden. In einem konsequenten Gedankenaufbau werden die Grundlagen des anthroposophischen Menschenverständnisses ausgehend von Goethe, Fichte und naturwissenschaftlichen Begriffen dargestellt. Es schließt sich eine Darstellung der Idee der Wiederverkörperung des Geistes und des Schicksals sowie eine grundlegende Charakteristik der spirituellen Welt und der Mittel ihrer Erkenntnis an.

Wie erlangt man Erkenntnisse der höheren Welten?

Diese Schrift ist ein Lebensbuch, in dem die grundlegenden Übungen für die Erkenntnis des Geistigen entwickelt werden. Neben Anleitungen zur Meditation enthält es eine Fülle von Anregungen für die Lebensführung, die Bewusstseinsbildung und die Selbsterkenntnis.

Die Geheimwissenschaft im Umriss

Dieses Werk ist die umfassendste schriftliche Darstellung der Anthroposophie. Sie vereinigt eine grundlegende Methodologie mit einer Darstellung anthroposophischer Menschenkunde, des nachtodlichen Lebens und des anthroposophischen Meditationsweges. Im Zentrum des Buches steht eine Skizze der gemeinsamen Evolution von Erde und Mensch im Zusammenhang mit geistigen Wesen.

ABBILDUNGSVERZEICHNIS

LITERATUR ZUR EINFÜHRUNG

Hans Hasler
Das Goetheanum
96 S., Kt., 978-3-7235-1258-6

Robin Schmidt
Rudolf Steiner
Skizze seines Lebens
136 S., Kt., 978-3-7235-1423-8

Ursula Zimmermann
Was ist Eurythmie?
ca. 48 S., Kt., 978-3-7235-1443-6

Lasse Wennerschou
Was ist Heil-Eurythmie?
Ein bewusster Weg zu den Lebenskräften
5. aktualisierte Aufl., 78 S., 978-3-7235-1370-5

Nikolai Fuchs
Was ist biologisch-dynamische Landwirtschaft?
2. Aufl., 56 S., Kt., 978-3-7235-1499-3

Christof Wiechert
Die Waldorfschule. Eine Einführung
ca. 160 S., Kt., 978-3-7235-1489-4

VERLAG AM GOETHEANUM

LITERATUR ZUR EINFÜHRUNG

Christa Slezak-Schindler
Was ist sprachkünstlerische Therapie?

64 S., Kt., 978-3-7235-1142-8

Rudolf Treichler
Was ist anthroposophische Psychiatrie?
Eine Einführung

3. Aufl., 48 S., Kt., 978-3-7235-0408-6

LITERATUR ZUR VERTIEFUNG

Wolf-Ulrich Klünker
Anthroposophie als Ich-Berührung
Aspekte geistiger Begegnung

2. Aufl., 112 S., Kt., 978-3-7235-1493-1

Sergej O. Prokofieff
Was ist Anthroposophie?

43 S., Kt., 978-3-7235-1219-7

Heinz Zimmermann | Robin Schmidt
Anthroposophie studieren
*Zum selbständigen Umgang mit dem Werk
Rudolf Steiners in Einzelstudium und Gruppen*

152 S., Kt., 978-3-7235-1029-2

VERLAG AM GOETHEANUM

Peter Selg
Rudolf Steiner –
Zur Gestalt eines geistigen Lehrers

2. Auflage, 96 S., Kt., 978-3-7235-1391-0

Sergej O. Prokofieff
Warum wird man Mitglied der Anthroposophischen
Gesellschaft?
128 S., Kt., 978-3-7235-1454-2

Christoph Wiechert
Lust aufs Lehrersein?!
Eine Ermutigung zum (Waldorf-)Lehrerberuf
192 S., Kt., 978-3-7235-1389-7

Rudolf Isler
Nachhaltigkeit?!
Wege aus der Krise durch freie Initiativen
Wirtschaft, Staat und Kultur neu denken
280 S., Kt., 978-3-7235-1486-3

Michael Debus
Lebenskrisen und Lebensdramatik
Hinführung zu den Mysteriendramen
von Rudolf Steiner
160 S., Kt., 978-3-7235-1424-5

VERLAG AM GOETHEANUM

Jens Heisterkamp

Was ist Anthroposophie?

Einladung zur Entdeckung des Menschen

3. Aufl., 132 S., Kt., 978-3-7235-1406-1

VERLAG AM GOETHEANUM

Heinz Zimmermann / Robin Schmidt

Meditation
*Eine Einführung in anthroposophische
Meditationspraxis*

200 S., Kt., m. Abb., 978-3-7235-1369-9

VERLAG AM GOETHEANUM

Adressenliste
Allgemeine Anthroposophische Gesellschaft

Allgemeine Anthroposophische Gesellschaft
Goetheanum
Postfach
CH – 4143 Dornach 1
Tel. +41 61 706 42 42
Fax +41 61 706 43 14
sekretariat@goetheanum.ch
www.goetheanum.org
Vorstand: Virginia Sease, Paul Mackay, Bodo von Plato,
Seija Zimmermann, Justus Wittich, Joan Sleigh,
Sergej O. Prokofieff (seit der Generalversammlung 2013
aus Gesundheitsgründen emeritiert)
vorstandsassistenz@goetheanum.ch

Landesgesellschaften

Deutschland

Anthroposophische Gesellschaft in Deutschland
Rudolf Steiner Haus
Zur Uhlandshöhe 10
D – 70188 Stuttgart
Tel. +49 711 164 31 21
Fax +49 711 164 31 30
info@anthroposophische-gesellschaft.org
www.anthroposophische-gesellschaft.org
Generalsekretär: Hartwig Schiller

Anthroposophische Gesellschaft Arbeitszentrum Berlin
Rudolf Steiner Haus
Bernadottestraße 90 – 92

D–14195 Berlin
Tel. +49 30 832 59 32
Fax +49 30 832 63 98
sekretariat@agberlin.de
www.agberlin.de
Vertreter: Sebastian Boegner

Anthroposophische Gesellschaft Arbeitszentrum Frankfurt
Hügelstraße 67
D–60433 Frankfurt
Tel. +49 69 53 09 35 81/82
Fax +49 69 53 09 35 88
info@arbeitszentrum-ffm.de
www.arbeitszentrum-ffm.de
Vertreter: Barbara Messmer

Anthroposophische Gesellschaft Arbeitszentrum
Hannover
Brehmstraße 10
D–30173 Hannover
Tel. +49 511 85 32 38
Fax +49 511 28 17 52
mail@anthroposophie-hannover.de
www.anthroposophie-hannover.de
Vertreter: Thomas Wiehl

Anthroposophische Gesellschaft Arbeitszentrum München
Leopoldstraße 46 A
D–80802 München
Tel. +49 89 33 25 20
Fax +49 89 33 78 97
info@anthroposophie-muenchen.de
www.anthroposophie-muenchen.de
Vertreter: Florian Roder

Anthroposophische Gesellschaft Arbeitszentrum Nord
Mittelweg 11–12
D–20148 Hamburg
Tel. +49 40 41 33 16 22
Fax +49 40 41 33 16 42
buero@anthroposophie-nord.de
www.anthroposophie-nord.de
Vertreter: Roland Wiese

Anthroposophische Gesellschaft Arbeitszentrum
Nordrhein-Westfalen
Oskar-Hoffmann-Straße 25
D–44789 Bochum
Tel. +49 234 333 67 30
Fax +49 234 333 67 45
Anthroposophie.NRW@t-online.de
www.anthroposophie-nrw.de
Vertreter: Michael Schmock

Anthroposophische Gesellschaft Arbeitszentrum Nürnberg
Rieterstraße 20
D–90419 Nürnberg
Tel. +49 911 33 86 78/79
Fax +49 911 39 75 38
info@anthroposophie-nuernberg.de
www.anthroposophie-nuernberg.de
Vertreter: Bernd Händler

Anthroposophische Gesellschaft Arbeitszentrum
Oberrhein
Starkenstraße 36
D–79104 Freiburg
Tel. +49 761 2 55 59
Fax +49 761 29 28 1850
agid-azob@t-online.de
www.anthroposophie-az-oberrhein.de
Vertreter: Wolfgang Drescher

Anthroposophische Gesellschaft Arbeitszentrum Ost
Angelikastraße 4
D – 01099 Dresden
Tel. +49 351 802 23 72
Fax +49 351 899 63 43
post@az-ost.de
www.anthroposophie-ost.de
Vertreter: Gunda Kohl

Anthroposophische Gesellschaft Arbeitszentrum Stuttgart
Rudolf Steiner Haus
Zur Uhlandshöhe 10
D – 70188 Stuttgart
Tel. +49 711 164 31 14
Fax +49 711 164 31 18
empfang@anthroposophische-gesellschaft.org
www.rudolf-steiner-haus-stuttgart.de
Vertreter: Johannes Kehrer

Anthroposophische Gesellschaft Arbeitsgemeinschaft
Impuls Ost
Richard-Wagner-Straße 7
D – 04416 Markkleeberg
Vertreter: Peter Schmiedel

Niederlande

Antroposofische Vereniging in Nederland
Boslaan 15
NL – 3701 CH Zeist
Tel. +31 30 691 82 16
Fax +31 30 691 40 64
secretariaat@antrop-ver.nl
www.antroposofie.nl
Generalsekretär: Ron Dunselman

Österreich

Anthroposophische Gesellschaft in Österreich
Tilgnerstraße 3
AT – 1040 Wien
Tel. +43 1 505 34 54
Fax +43 1 505 34 54
buero@anthroposophie.or.at
www.anthroposophie.or.at
Generalsekretär: Helmut Goldmann

Schweiz

Anthroposophische Gesellschaft in der Schweiz
Oberer Zielweg 60
CH – 4143 Dornach
Tel. +41 61 706 84 40
Fax +41 61 706 84 41
anthrosuisse@bluewin.ch
www.anthroposophie.ch
Generalsekretär: Marc Desaules

Sektionen

Allgemeine Anthroposophische Sektion
Leitung: Virginia Sease, Paul Mackay, Bodo von Plato,
Seija Zimmermann, Justus Wittich, Joan Sleigh,
Sergej O. Prokofieff (seit der Generalversammlung 2013
aus Gesundheitsgründen emeritiert)
vorstandsassistenz@goetheanum.ch

Studium und Weiterbildung am Goetheanum
Sekretariat: Ursula Schönholzer, Tel. +41 61 706 42 20
studium@goetheanum.ch
www.studium.goetheanum.org

Jugendsektion
(Sektion für das Geistesstreben der Jugend)
Leitung: Constanza Kaliks
Tel. +41 61 706 43 91
mail@youthsection.org
www.youthsection.org

Mathematisch-Astronomische Sektion
Leitung: Oliver Conradt
Tel. +41 61 706 42 20
mas@goetheanum.ch
www.mas.goetheanum.org

Medizinische Sektion
Leitung: Michaela Glöckler
Tel. +41 61 706 42 90
sekretariat@medsektion-goetheanum.ch
www.medsektion-goetheanum.ch

Naturwissenschaftliche Sektion
Leitung: Johannes Kühl
Tel. +41 61 706 42 10
science@goetheanum.ch
www.science.goetheanum.org

Pädagogische Sektion
Leitung: Claus-Peter Röh, Florian Osswald
Tel. +41 61 706 43 15
paed.sektion@goetheanum.ch
www.paedagogik-goetheanum.ch

Sektion für Bildende Künste
Koordinator: Rik ten Cate
Tel. +41 61 706 41 37
sbk@goetheanum.ch
www.internationalartsection.com

Sektion für Landwirtschaft
Leitung: Jean-Michel Florin, Ueli Hurter, Thomas Lüthi
Tel. +41 61 706 42 12
sektion.landwirtschaft@goetheanum.ch
www.sektion-landwirtschaft.org

Sektion für Schöne Wissenschaften
Leitung: Christiane Haid
Tel. +41 61 706 43 82
ssw@goetheanum.ch
www.ssw.goetheanum.org

Sektion für Sozialwissenschaften
Leitung: Paul Mackay
Tel. +41 61 706 43 09
sektion.sozialwissenschaften@goetheanum.ch
www.sozial.goetheanum.org

Verlage

Verlag am Goetheanum
Postfach
Hügelweg 53
CH–4143 Dornach
Tel. +41 61 706 42 00
Fax +41 61 706 42 01
info@vamg.ch
www.vamg.ch

Rudolf Steiner Verlag AG
Im Ackermannshof
St. Johanns-Vorstadt 19/21
CH–4056 Basel
Tel. +41 61 706 91 30
Fax +41 61 706 91 49

verlag@steinerverlag.com
www.steinerverlag.com

Verlag Freies Geistesleben & Urachhaus GmbH
Landhausstraße 82
D – 70190 Stuttgart
Tel. +49 711 2 85 32 00/01
Fax +49 711 2 85 32 10/11
info@geistesleben.com
info@urachhaus.com
www.geistesleben.de
www.urachhaus.de

Zeitschriften

Wochenschrift «Das Goetheanum»
Rüttiweg 45
Postfach
CH – 4143 Dornach 1
Tel. +41 61 706 44 64
Fax +41 61 706 44 65
info@dasgoetheanum.ch
www.dasgoetheanum.ch

Die Drei
mercurial-Publikationsgesellschaft mbH
Alt-Niederursel 45
D – 60439 Frankfurt
Tel. +49 69 95 77 61 21
Fax +49 69 58 23 58
redaktion@diedrei.org
www.diedrei.org